FIGURAS

Ivan Bulloch

Consultores
Wendy y David Clemson

Traducido por Susana Pasternac

TWO CAN™

PRINCETON ■ LONDON

2 Las figuras que te rodean

¡Todas las cosas que ves tienen una forma!
Algunas son redondeadas y otras son rectas.
Algunas tienen puntos y otras tienen ángulos.
¿Qué palabras usas cuando hablas de las
formas o figuras que te rodean?

Mira las diferentes figuras
en estas páginas. ¿Puedes
describirlas? Cuántos bordes
redondeados tienen? ¿Cuántos
bordes rectos tienen?

uguemos con las figuras

Puedes crear figuras completamente diferentes poniéndolas una al lado de la otra. Con ellas también puedes crear diseños. Prueba con bloques de madera diferentes.

He aquí lo que aprenderás
Las actividades de este libro te ayudarán a
● descubrir y nombrar las figuras que te rodean
● aprender algunas cosas importantes sobre figuras sólidas y planas
● crear diseños con figuras.
● aprender a armar y desarmar figuras.

4 Imprimir figuras

Busca objetos con formas interesantes que puedan servir para imprimir un dibujo o crear un diseño. Aquí hemos usado una esponja, un corcho, una goma y un bloque de madera. ¿Qué otras figuras puedes usar?

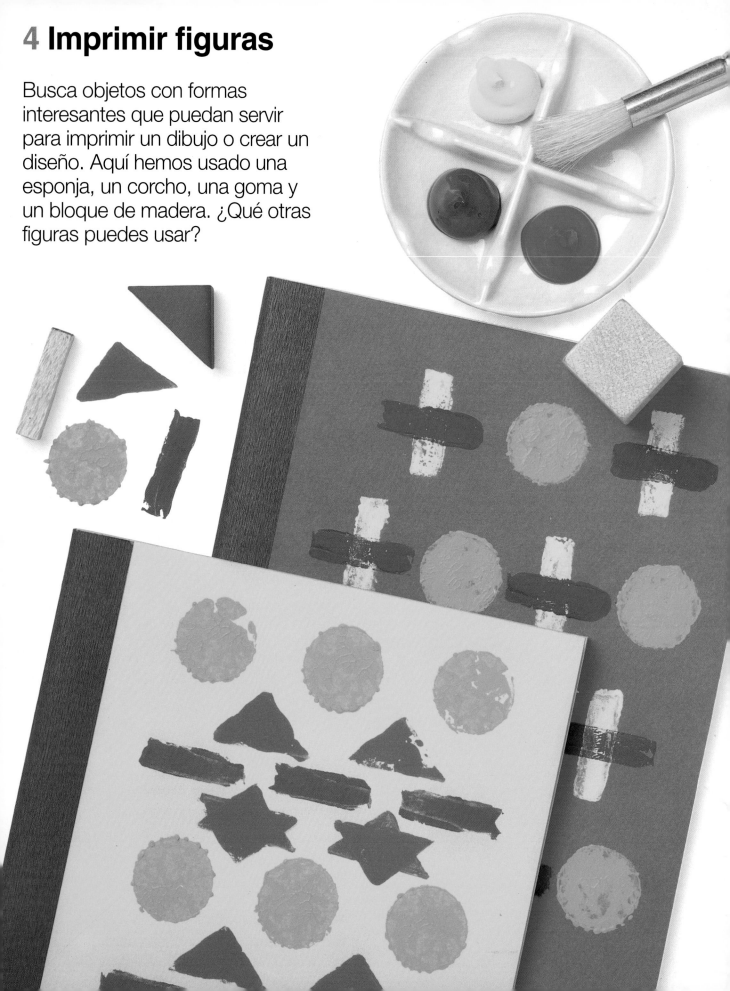

● Cubre un lado de la figura que elegiste con pintura. Puedes usar un pincel o sumergirlo directamente en la pintura. Aplícalo con cuidado sobre el papel.

Algunas figuras, como estos cuadrados, encajan bien entre ellas. ¿Que figuras no encajan entre ellas?

He aquí lo que aprendiste
Imprimir figuras te ayuda a
● reconocer figuras diferentes
● descubrir cómo encajan entre ellas.

6 Crear figuras

He aquí algunas maneras simples de crear figuras básicas con papel de color.

Cuadrado
● Comienza con un rectángulo de papel.
● Coloca el papel con el lado pequeño hacia ti.

● Dobla el lado izquierdo de arriba hacia ti hasta que se alinee con el lado derecho del papel.
● Corta el pedazo de papel que queda abajo.
● Abre el papel y tendrás un cuadrado perfecto.

Triángulo
● Corta tu cuadrado por la línea diagonal para hacer dos triángulos.

Círculo

Para hacer un círculo busca un objeto redondo como un frasco o una lata. Ponlo sobre un papel de color y traza el contorno.

Comienza a cortar el círculo cuidadosamente a partir del borde del papel.

He aquí lo que aprendiste
Crear figuras te ayuda a
● reconocer figuras diferentes.

Dobla el círculo en dos. Corta por la línea del pliegue para hacer dos figuras. ¡Las nuevas figuras tienen un costado curvo y otro recto!

8 Dibujar con figuras

Hicimos este dibujo con figuras de papel de color. ¡Anímate a hacer el tuyo! Antes de comenzar, corta o rasga figuras de papel de formas y colores diferentes.

Haz la prueba
● Arregla tus figuras en una hoja de papel para hacer el dibujo que te gusta.

● No las pegues todavía. ¡Podrías querer cambiarlas de lugar! Cuando estés satisfecho con tu dibujo, levanta cuidadosamente cada figura y pégala en su lugar.

Los círculos y los óvalos son formas excelentes para hacer cabezas y cuerpos. Los triángulos, los rectángulos y los cuadrados son buenos para hacer edificios.

He aquí lo que aprendiste
Hacer figuras con papel cortado te ayuda a
● unir figuras
● usar diferentes figuras en un dibujo.

10 Retazos

Con sólo unos restos de telas puedes hacer una colcha de retazos colorida. La figura de seis lados que ves aquí es un hexágono. Traza una línea a su alrededor para crear un patrón y úsalo para hacer muchos hexágonos de papel.

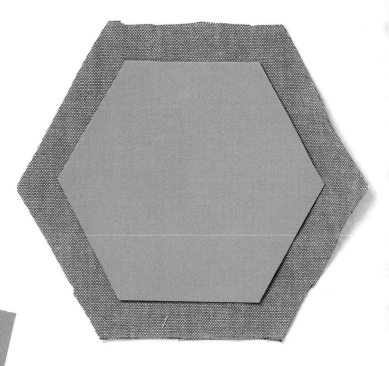

● Pon cada hexágono de papel sobre un retazo de tela. Corta alrededor del papel dejando un pedazo extra de tela en todos sus lados.

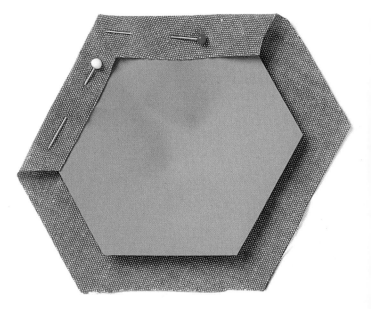

● Dobla cada sobrante de tela sobre el papel y sujétalo con un alfiler. Cuando hayas hecho varios puedes comenzar a coser los hexágonos juntos.

Pide a un adulto que te enseñe a hacer puntadas prolijas para mantener los pedazos juntos. ¡Ten cuidado con los alfileres!

Cuando hayas cosido todos los lados de un hexágono puedes retirar los alfileres y el papel.

He aquí lo que aprendiste

Hacer una colcha de retazos te ayuda a
● descubrir cómo encajan las figuras
● a hacer un diseño.

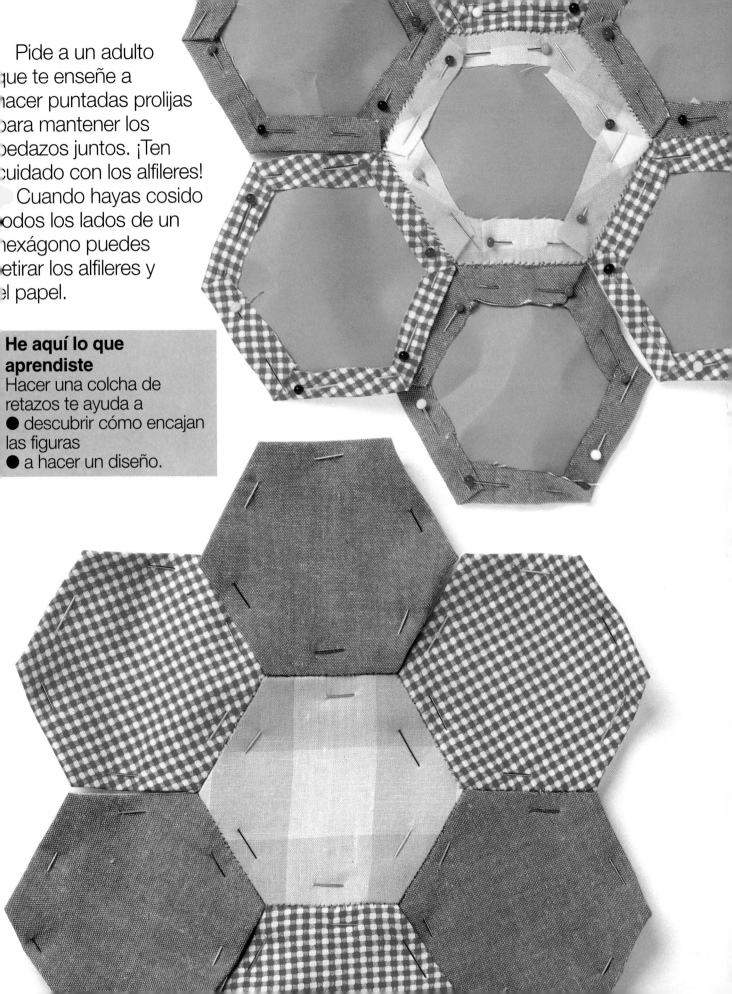

12 Figuras de papel recortado

Puedes crear figuras asombrosas doblando papel y cortándolo por los pliegues.

Papel recortado
● Dobla un pedazo de papel por la mitad.

● Corta la figura que quieras con unas tijeras de punta redondeada. Ten cuidado de no cortar muy lejos del pliegue.
● Abre el papel para ver la figura que creaste. Las dos mitades de la figura que has hecho son iguales.

Cuatro pliegues

● Ahora, dobla un papel por la mitad y otra vez por la mitad.

● Corta las figuras a partir de los dos pliegues, pero recuerda ¡no cortes demasiado!

● Cuando abras el papel descubrirás que el lado derecho es igual al lado izquierdo, y que el lado de arriba es igual al de abajo.

He aquí lo que aprendiste

Hacer papel recortado te ayuda a

● pensar sobre la simetría.

14 Cortar y armar

He aquí cómo puedes hacer para que superficies planas se queden paradas.

● En un cartón recorta figuras diferentes. Puedes copiar las de esta página o hacer tus propias figuras.

● En un lado del cartón haz dos cortes paralelos cercanos.

● Con cuidado retira la tira de cartón entre los dos cortes. Verás que queda una pequeña ranura.

● Puedes hacer más de una ranura en cada figura, pero sería mejor que estén en lugares diferentes.

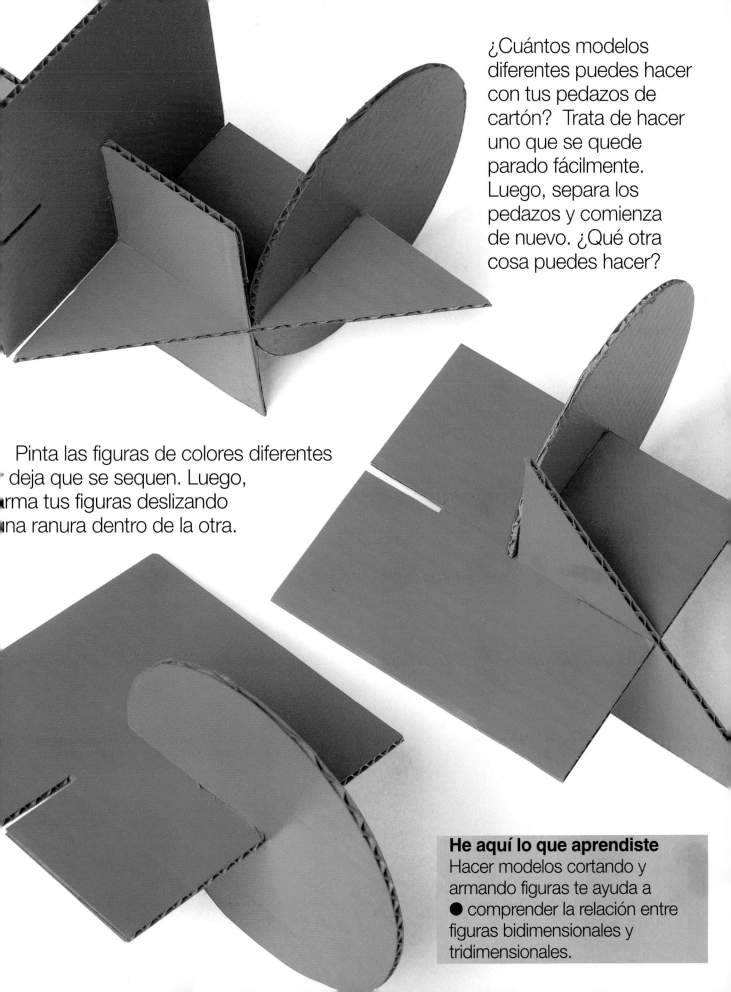

¿Cuántos modelos diferentes puedes hacer con tus pedazos de cartón? Trata de hacer uno que se quede parado fácilmente. Luego, separa los pedazos y comienza de nuevo. ¿Qué otra cosa puedes hacer?

Pinta las figuras de colores diferentes y deja que se sequen. Luego, forma tus figuras deslizando una ranura dentro de la otra.

He aquí lo que aprendiste
Hacer modelos cortando y armando figuras te ayuda a
● comprender la relación entre figuras bidimensionales y tridimensionales.

16 Jungla de pie

Ahora que sabes cómo cortar y armar
puedes hacer todo tipo de modelos
que se queden parados. Usa papel
grueso o cartulina para hacer tus
modelos.

Cortar y armar arbustos

Dibuja unos arbustos de igual
medida y recórtalos. En uno de
ellos, corta una ranura desde abajo
hasta la mitad. Luego corta en otro
una ranura de arriba hasta la mitad.
Pinta tus figuras de colores vivos.
Inserta las dos ranuras juntas y
pon de pie el arbusto.

Árboles altos

Dibuja dos árboles. Puedes copiar el
de esta página. Recórtalos y haz las
ranuras en los dos como hiciste con los
arbustos. Ahora pon de pie los árboles.

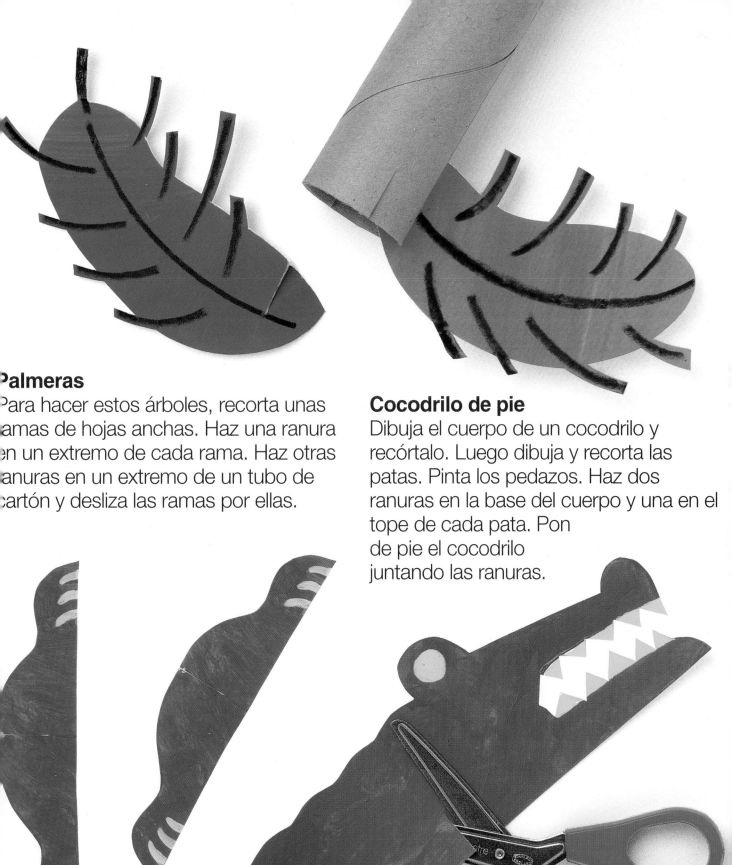

Palmeras

Para hacer estos árboles, recorta unas ramas de hojas anchas. Haz una ranura en un extremo de cada rama. Haz otras ranuras en un extremo de un tubo de cartón y desliza las ramas por ellas.

Cocodrilo de pie

Dibuja el cuerpo de un cocodrilo y recórtalo. Luego dibuja y recorta las patas. Pinta los pedazos. Haz dos ranuras en la base del cuerpo y una en el tope de cada pata. Pon de pie el cocodrilo juntando las ranuras.

Ahora, acomoda tus árboles y arbustos para crear una jungla. Puedes hacer árboles altos y bajos usando tubos de cartón de tamaños diferentes.

Pajarito volador

Haz un pajarito para que le tenga compañía al cocodrilo. Necesitarás tres pedazos, uno para el cuerpo, uno para las alas y uno para la cabeza.

He aquí lo que aprendiste
Cortar y armar una jungla te ayuda a
● pensar sobre figuras tridimensionales
● pensar sobre figuras simétricas.

Trata de hacer otros tipos de plantas ¿Se te ocurre algún otro animal para tu jungla?

Puedes hacer otras escenas cortando y armando figuras de la misma manera.

Mira las verduras de esta página. Algunas tienen formas muy extrañas. ¿Puedes imaginar una manera de describirlas? Trata de crear verduras monstruosas divertidas para decorar tu mesa. Busca figuras redondas para hacer los ojos y la nariz y otras alargadas para los brazos y las piernas.

- Pide a un adulto que te ayude a unir las verduras con palillos. ¡Ten cuidado con las puntas afiladas!
- Inserta una punta del palillo en la verdura.
- Luego, ensarta otra verdura en la otra punta del palillo.

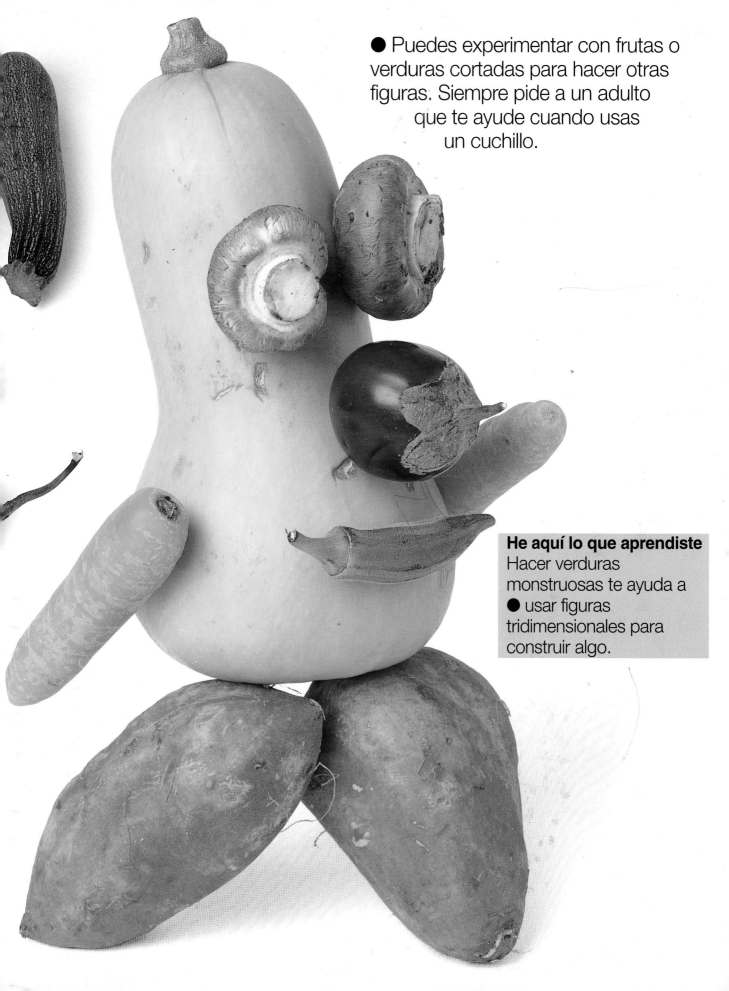

● Puedes experimentar con frutas o verduras cortadas para hacer otras figuras. Siempre pide a un adulto que te ayude cuando usas un cuchillo.

He aquí lo que aprendiste
Hacer verduras monstruosas te ayuda a
● usar figuras tridimensionales para construir algo.

Los envases vienen en muchas formas y tamaños. La próxima vez que vayas a una tienda mira cuántas puedes descubrir.

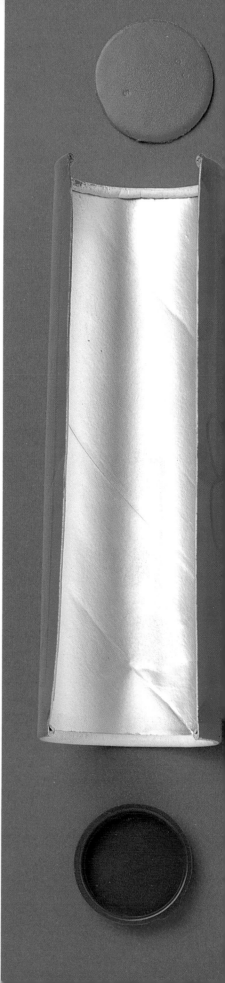

● Si desarmas una caja con cuidado verás que está hecha de una figura plana.

● Mira las figuras en la página opuesta y los envases de la izquierda. ¿Sabes cuál va con cual?

¿Qué formas tienen estos envases?

Da vuelta a la página para descubrir cómo puedes transformar una figura plana en una que tenga lados.

24 Crear un cubo

En las dos páginas anteriores vimos a qué se parecían algunos envases cuando los abrías. Si sigues estas instrucciones podrás transformar un pedazo de cartulina en un cubo.

● Copia la figura que está en esta página en una cartulina y recórtala.

● Con un lápiz y una regla traza una línea de puntos. Guíate por este dibujo.

● Debes hacer esta figura exactamente igual para que los lados de tu cubo encajen perfectamente.

Las tres pequeñas franjas con esquinas recortadas se llaman lengüetas.

● Dobla la cartulina por todas sus líneas de puntos dejando las marcas de lápiz hacia el interior del cubo.

Dobla hacia adentro la franja más larga y únela con la lengüeta del lado opuesto. Pon pegamento en la lengüeta y apriétala contra la parte interior de la franja. Luego pon pegamento en la lengüeta de uno de los otros lados. Deslízala al interior y aprieta firmemente. Dobla el último pedazo para hacer la tapa de la caja. Deslízalo hacia adentro sin pegarlo.

He aquí lo que aprendiste
Hacer cubos te ayuda a
● descubrir cómo se hace una caja a partir de una figura plana.
● dibujar y cortar con exactitud.

26 Portalápices

Debes procurarte tubos de cartón de diferentes medidas. Se usan a menudo para empaquetar o están dentro de rollos de papel o de aluminio. Cuando tengas varios tubos, transfórmalos en vasos para guardar lápices, tijeras y elásticos de goma.

● Forma un grupo con los tubos pintados y únelos con pegamento por sus costados.

Selección

● Primero debes decidir qué tubos son mejores para lo que quieres guardar. Por ejemplo, tus lápices necesitarán un tubo alto y fino. Si es necesario, pídele a un adulto que te corte el tubo a la medida que quieras.

● Pinta los tubos de colores vivos.

Haz una base para
tu portalápices pegando
la base de los tubos
a un trozo de cartón.
Llena los cubiletes
con todos tus lápices,
plumas y crayones.

He aquí lo que aprendiste
Hacer y pintar un
portalápices te ayuda a
● pensar que figuras
parecidas pueden ser de
tamaños diferentes.

28 Construir un animal

Nuestro colorido animal fue hecho con cajas y tubos. Comienza juntando todos los que puedas. Busca figuras de formas interesantes, con bordes derechos y curvos. Si usas envases que contenían comida, ¡límpialos primero!

Puedes cortar las cajas para obtener figuras diferentes. Mira cómo cortamos el triángulo que sirve para la nariz del animal. ¿Cómo crees que hicimos la figura redonda?

Organiza las cajas y
tubos en grupos de
formas y medidas
diferentes.

Decide lo que
quieres construir.

Decora las cajas
tubos con diseños
colores diferentes.

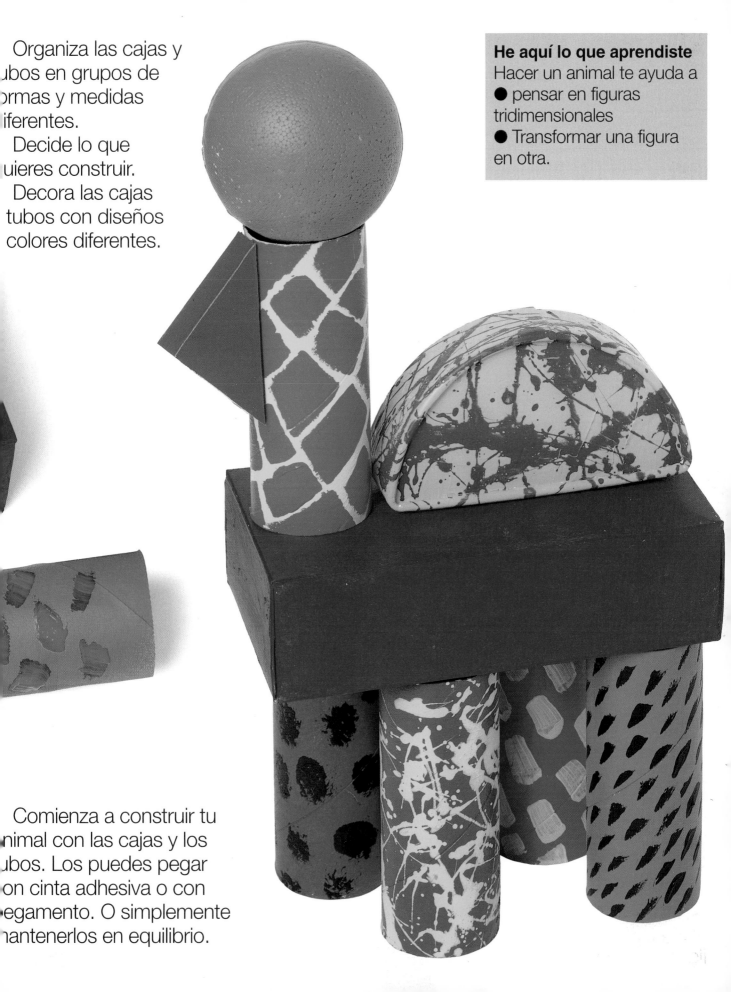

Comienza a construir tu
animal con las cajas y los
tubos. Los puedes pegar
con cinta adhesiva o con
pegamento. O simplemente
mantenerlos en equilibrio.

30 Joyas que se estiran

¡Sorprende a tus amigos! Transforma estas figuras planas de papel en cosas que puedes llevar puestas. Para ello necesitarás dos tiras largas de papel de color diferente.

Acordeón de figuras

● Pega las puntas de las dos tiras de papel en ángulo recto. Mira la ilustración de arriba.

● Comienza doblando la tira de abajo sobre la tira de arriba.

● Después, dobla la tira que quedó abajo sobre la que está arriba.

● Sigue haciendo esto hasta terminar el papel.

● Pega las puntas del final.

Estira con cuidado las dos puntas de papel para abrir un poco la cadena. Si quieres hacerla más larga, pega otras tiras de papel al final de la cadena.

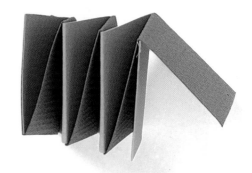

Con estas cadenas de papel que se estiran puedes hacer collares, aretes y brazaletes.

He aquí lo que aprendiste
Hacer joyas que se estiran te ayuda a
● transformar una figura bidimensional en tridimensional
● trabajar con ángulos rectos.

Índice

Publicado en Estados Unidos y Canadá por
Two-Can Publishing LLC
234 Nassau Street
Princeton, NJ 08542

www.two-canpublishing.com

© 2000, Two-Can Publishing

Para más información sobre libros y multimedia de Two-Can, llame al teléfono 1-609-921-6700, fax 1-609-921-3349, o consulte nuestro sitio Web http://www.two-canpublishing.com

Edición en español traducida por Susana Pasternac

Two-Can es una marca registrada de Two-Can Publishing. Two-Can Publishing es una división de Zenith Entertainment plc, 43-45 Dorset Street, London W1H 4AB

ISBN 1-58728-966-0

10 9 8 7 6 5 4 3 2 1

Impreso en Hong Kong por Wing King Tong

Consultores

Wendy y David Clemson son maestros e investigadores experimentados. Han escrito muchos libros exitosos sobre matemáticas y colaboran regularmente con *eG*, el suplemento de educación del periódico *The Guardian*.
Actualmente Wendy está abocada a la elaboración de programas de estudios para escuelas primarias y a la escritura de gran número de ensayos para niños, padres y maestros, con especial énfasis en la pequeña infancia. David es Lector de Educación Primaria en la Universidad John Moores, de Liverpool.